ERNEST-LE-FORT

ROI DE BELFORT

TRADITION LÉGENDAIRE FRANC-COMTOISE

RECUEILLIE PAR **M. POLY,**

Membre de la Société d'Agriculture, Sciences et Arts de la Haute-Saône.

OCTOBRE 1878,

VESOUL,

TYPOGRAPHIE DE A. SUCHAUX.

—

1879.

ERNEST-LE-FORT

ROI DE BELFORT

TRADITION LÉGENDAIRE FRANC-COMTOISE

RECUEILLIE PAR **M. POLY,**

Membre de la Société d'Agriculture, Sciences et Arts de la Haute-Saône.

OCTOBRE 1878.

VESOUL,

TYPOGRAPHIE DE A. SUCHAUX.

—

1879.

A Messieurs les membres de la Société d'agriculture, sciences et arts de la Haute-Saône.

Messieurs,

Je viens aujourd'hui solliciter votre bienveillance pour la tradition légendaire que j'ai l'honneur de vous soumettre.

Cette communication n'est pas toutefois une nouveauté. Déjà, il y a près de trois ans, j'ai adressé à la Société d'Emulation du Doubs, dont j'ai l'honneur de faire partie, une note à cet égard.

Cette note, intitulée : « *Ernest-le-Fort, roi de Belfort*, tradition légendaire racontée par une vieille tante à ses petits-neveux, » ne renfermait que mes souvenirs d'enfance relativement à une bien vieille légende que cette grand'tante m'avait maintes fois racontée.

Toute imparfaite qu'elle était alors, elle a fait l'objet d'un rapport de M. Delacroix, architecte à Besançon et membre fondateur de ladite Société, rapport qui a été lu à la réunion des Sociétés savantes à la Sorbonne en 1876, sous le titre de : *Une tradition franc-comtoise concernant Arioviste.*

Mais, depuis lors, des faits nouveaux m'ont été révélés par les vieillards du pays ; en disant un vers, on m'en citait parfois un autre, et c'était une bonne fortune pour moi. D'un autre côté, j'ai consulté les terriers, les anciens titres entre les mains des cultivateurs ; j'y ai découvert des orthographes différentes, des variantes qui m'ont aidé à soulever le voile épais qui rendait souvent incompréhensible, même à moi, cette tradition. C'est le résultat de ces recherches que j'ai consigné au bas de chaque page, afin de faire comprendre le texte de la légende. Si j'y ai émis quelques idées un peu hardies, je ne l'ai fait que sous une forme dubitative.

En résumé, ce travail se compose de trois parties : 1° de vieux couplets d'une bien vieille légende, recueillis un peu partout, surtout près de ma vieille tante la religieuse ; 2° d'un récit fait par celle-ci en chantant cette tradition légendaire ; et 3° des remarques et éclaircissements que j'ai ajoutés au texte et dont je revendique la responsabilité.

J'ai conservé la forme narrative de ma vieille tante, en faisant tous mes efforts pour rapporter ses propres expressions ; je ne sais si j'y ai réussi. Toutefois il ne faut pas omettre de dire que ma tante racontait assez bien, ayant été novice, avant la Révolution, au chapitre des dames nobles de Migette près Salins.

En regard de chaque couplet patois, j'ai mis la traduction française ; je ne me suis pas occupé de la rime ni de la mesure ; j'ai raconté ce que j'ai entendu, rien de plus, rien de moins.

Le patois n'ayant pas de règles fixes pour l'écrire, j'ai essayé d'en rendre les sons par des lettres françaises ; j'ai souvent employé l'orthographe et la prononciation figurée italienne, avec lesquelles le patois de Frahier a une grande analogie.

Je n'ai donc pas cherché à faire ici une œuvre d'érudition, mais j'essaie de dérober à l'oubli une légère parcelle de l'histoire ancienne de notre pays, cette vieille Séquanie-Franche-Comté, que nous aimons d'autant plus qu'elle est plus malheureuse et plus exposée aux invasions de nos ennemis.

Agréez, Messieurs et chers collègues, l'assurance de mon entier dévouement aux intérêts de notre docte Société.

POLY.

ERNEST-LE-FORT, ROI DE BELFORT

TRADITION LÉGENDAIRE FRANC-COMTOISE.

Il y a bien longtemps, trop longtemps, plus longtemps qu'on ne peut le dire, l'eau de notre rivière (1) ne coulait pas rouge, comme aujourd'hui ; elle était aussi claire que celle des autres rivières (2) qui passent aux alentours de chez nous (3).

Mais, dans le temps de jadis que nous parlons, il y a eu tant de sang de répandu dans notre pays que la terre s'en étant abreuvée, elle est devenue toute rouge, couleur qu'elle gardera au grand jamais, tant que le monde sera monde.

Ces choses se passaient il y a tant de temps que tout le monde en a perdu la souvenance, et que moi-même, mes enfants, je n'en aurais jamais rien su du tout, sans la com-

(1) Il s'agit ici de la Luzienne, qui baigne Errevet, Frahier, etc., et va se jeter dans l'Allan à Montbéliard. Cette petite rivière aurait vu se renouveler, après dix neuf cents ans, entre les mêmes nations, les mêmes horreurs de la guerre. J'écris *Luzienne* et non *Lisaine*, puisqu'elle a donné son nom au village de Luze, qui est sur ses bords.

(2) Ces rivières sont : d'un côté, la Savoureuse, qui passe à Belfort, et de l'autre, le Rahin, qui coule à Plancher, Champagney, Ronchamp, etc.

(3) Chez nous, c'est-à-dire à Frahier, village de 1,400 habitants, entre Belfort et Ronchamp.

plainte (1) que notre vieux maître d'école Gaspard le Mage nous chantait en nous faisant la classe, pour nous passer le temps et nous faire tenir en repos.

Cette complainte, nous disait-il, avait eu cent un couplets; mais il se plaignait déjà de ne plus en savoir beaucoup, et moi j'en sais encore bien moins — il a passé depuis lors tant d'eau sous le pont; — néanmoins je vais vous dire ce que j'en sais.

Retenez bien dans votre jeunesse ce que je vais vous dire dans ma vieillesse, afin que, comme moi, vous puissiez rendre témoignage de ces faits et les raconter à votre tour à vos enfants; surtout n'en oubliez rien, car c'est là l'héritage de nos ancêtres.

Avouegnie-vô, petes a grands,	Approchez-vous, petits et grands,
Ecouta ben, mes afants,	Ecoutez bien, mes enfants,
La compiente d'Arnesse-lc-Fô,	La complainte d'Ernest-le-Fort,
C'te métchant roi de Béfô.	Ce méchant roi de Belfort.

Dans le temps de jadis, il y a plus longtemps que je ne puis vous le dire, il y avait à Belfort un bien méchant roi que l'on appelait *Ernest-le-Fort* (2), qui était un bien grand

(1) Dans nos campagnes, la complainte, en fait de poésie, répond à tout. C'est surtout le langage des souvenirs et des traditions. Nous avons la complainte légendaire du *Juif-Errant*, celle de *Geneviève de Brabant*, celle de *Joseph vendu par ses frères*, celle de *Judith et Holopherne*, etc. etc....., jusqu'à celle de *Fualdès* et autres du même acabit.

(2) Il est, en effet, évident que le nom de l'adversaire de Jules-César n'était pas plus *Ariovistus*, que celui du chef germain qui détruisit les légions de Varus, soixante ans plus tard, n'était *Arminius*. Nous savons que ce dernier s'appelait Herman (*Herr*, le maître, le chef, en allemand, et *mann*, homme), et encore c'est le nom du grade, de la dignité, plutôt que celui de l'homme. Les Romains étaient souvent sujets à ces méprises; ils donnaient le nom de *Brennus* aux Brenns gaulois.

Gollut, au XVIe siècle, désignait déjà sous le nom de *Hernest* le roi des Suèves, et les auteurs modernes le nomment *Ernest*. Ce nom a pour lui la plus grande vraisemblance; toutefois, dans nos remarques, nous lui conserverons son nom latin.

guerrier et qui était le général en chef des Wormuns, gens qui venaient de l'autre côté du Rhin. Il avait, par déloyauté, battu nos ancêtres et s'était emparé d'une grande partie de notre pays. Il avait fait de Belfort sa capitale.

On l'appelait *le Fort*, parce qu'il était l'homme le plus fort de son armée. On raconte qu'en serrant un homme de toutes ses forces, il lui cassait les côtes ou il l'étouffait.

Mais, si c'était un grand guerrier et un homme fort, c'était un bien méchant roi, car on dit :

Arnesse éta chu truant	Ernest était si méchant
Qu'à fesa penre tót les dgens ;	Qu'il faisait pendre tous les gens ;
Ses Wormuns n'éteint pé pu réprendgie	Ses Wormuns n'étaient pas plus épar- ⌊gnés
Que tót les autres étreindgies.	Que tous les autres étrangers.

Il avait avec lui des loups, des ours et autres bêtes féroces pour faire dévorer nos ancêtres et ceux qui ne lui plaisaient pas, car on dit :

Voites Arnesse todje au grand trot,	Voyez Ernest toujours au grand trot,
Au moitan des volpes, des óches, des	Au milieu des renards, des ours, des
⌊*lós* (1).	⌊loups.
. . . .	. . . .
. . . .	. . . .

De sorte que nos pauvres ancêtres étaient bien malheureux, plus malheureux que les pierres, et qu'Ernest et ses cavaliers étaient détestés jusqu'à la mort dans toute la contrée à cause de leur méchanceté, et puis aussi parce qu'ils levaient, à tout propos, des dîmes et des impositions tellement fortes sur le pauvre monde qu'ils le ruinaient et ne lui laissaient que les yeux pour pleurer. Toutefois on ne disait pas le plus

---

(1) Il est probable que c'est une allusion aux costumes divers des cavaliers qui accompagnaient Arioviste, qui souvent portaient en campagne et dans les combats la dépouille des animaux féroces qu'ils avaient tués dans leurs chasses. C'était, du moins, l'habitude chez les Barbares.

petit mot, et l'on se contentait de faire le poing dans la poche. Dieu, mes enfants, vous garde des hommes de l'autre côté du Rhin !

Michel Wiederkomme, qui était mon compère — que Dieu le mette dans la sainte gloire de son Paradis ! — et le dernier *dixmeur* de MM. les moines de Lure, m'a raconté bien des fois que du temps du roi, Ernest faisait pendre après les chênes d'Essoyeux (1) tous nos ancêtres qui ne payaient pas exactement la dîme, qui était du tiers de tout ce que l'on possédait, au lieu que mon compère Michel se contentait du dixième, et encore on se plaignait. Faut croire qu'il y a du monde bien peu raisonnable !

Mais Ernest en fit tant et tant à nos ancêtres qu'ils trouvèrent un défenseur qui s'appelait Jules-César, et qui était empereur (2) des Gaules pour les Romains : car il paraît que c'est ainsi que, dans le temps de jadis, on appelait notre pays.

Ce Jules-César devait être un bien grand guerrier, puisque beaucoup d'anciens soldats m'ont dit que l'empereur Napoléon Ier — que Dieu lui fasse paix ! — n'avait conquis toute l'Europe que parce qu'il avait repris les plans et positions de ce général (3).

Cet état de choses durait depuis bien longtemps déjà, et

---

(1) Essoyeux, section de Frahier, sur le chemin de Châtebier et l'ancienne voie antique se dirigeant vers Châlonvillars et Belfort.

(2) Les Romains donnaient le titre d'empereur (*imperator*) aux généraux vainqueurs. La brillante campagne de César contre les Helvètes, racontée dans le premier livre des *Commentaires*, aurait pu lui valoir ce titre. Toutefois il n'en est pas fait mention. Du reste, sa signification n'est pas la même ici que celle que ce mot a acquise plus tard.

(3) Cette opinion, qui a peu ou pas de vraisemblance, prouve combien est vivace encore le souvenir du conquérant des Gaules. C'est, comme nous le verrons plus loin, ce que l'on nomme encore la Grande Guerre.

bien des fois nos ancêtres avaient voulu se débarrasser d'Ernest et de ses Wormuns (c'est ainsi que l'on appelait ses soldats); mais comme c'étaient tous des cavaliers, nos ancêtres avaient été battus.

Néanmoins, un beau jour qui ne ressemblait pas les autres, nos ancêtres apprennent que Jules-César et Ernest n'ont pas pu s'entendre, et que la guerre est déclarée. Alors tout le monde prend les armes, aussi bien les femmes que les hommes, car dans ce temps-là tout le monde s'en mêlait, pour tâcher de se débarrasser des soldats d'Ernest; car si l'on dit les Français bien malins à la guerre, je me suis laissé dire que nos ancêtres les Gaulois l'étaient encore bien plus qu'eux, et la complainte dit :

Tôt les boubes (1) *a s'enreulant,*	Tous les garçons s'enrôlent,
Jusqu'é fennes que s'armant ;	Jusqu'aux femmes qui s'arment ;
A peu de César, tchu lu tarruns (2),	Et puis de César, sur leurs terres,
A l'adant à détrure les Wormuns (3).	Ils l'aident à détruire les Wormuns.

Jules-César étant arrivé au bout de quelques jours par-devers Ronchamp avec ses soldats, y avait établi un camp, car on dit :

(1) *Boubes,* expression encore allemande actuellement, signifiant jeunes hommes, garçons, peut-être du latin *bobus,* bouvier.

(2) *Tchu lu tarruns,* sur leurs terres, doit indiquer et préciser, ce me semble, exactement le lieu de la lutte, c'est-à-dire Frahier et les environs.

(3). *Wormuns,* nom que la légende donne aux soldats d'Arioviste et que l'on a conservé jusqu'à ce jour dans le pays pour désigner, en patois, des animaux nuisibles, malfaisants, pouvant causer du dommage soit aux personnes, soit aux propriétés. Serait-ce une corruption de l'allemand *Wehr,* arme, et *mann,* homme ?

Vé Ronlchamp a s'arroti (1),	Vers Ronchamp il s'arrêta,
. Tchu les routchots ses camps a drossi (2)	Sur les rochers ses camps il dressa
....	....
....	....

Peu de temps après, Ernest et Jules-César ont voulu avoir une entrevue pour s'entendre, si cela était possible, avant que de se battre ; ils ont pris rendez-vous sur la hauteur des Champs-Belin, au-dessus des Creuses, car on dit :

(1) Ronchamp, *Romanorum campus*, le camp des Romains, qui semble avoir retenu ce nom depuis cette époque ; Chérimont, hameau et hauteur, qui viendrait, suivant MM. Quicherat, Delacroix et Sarrette, de *Cesaris Mons* (le Mont de César) ; Errevet, l'Arioviste ou l'Ernest de la légende (*Ehren fest, Ehre vest* au moyen âge), seraient trois témoins irrécusables venant, à travers les siècles, déposer en faveur de la grande bataille livrée entre eux par Jules-César à Arioviste. Ronchamp (la chapelle), petit camp de César, altitude 476ᵐ, Chérimont, 570ᵐ, et Errevet, 427ᵐ, sont trois des principales hauteurs qui dominent le pays où se serait livrée la lutte. Le camp des Romains (le Mont de César), celui d'Ernest (Arioviste), rassemblés dans un si faible espace, semblent prouver la véracité du fait. Dans tous les cas, on peut dire avec les Italiens :

Si non e vero, e ben trovato.

(2) Le colonel Sarrette a, dit-on, retrouvé la trace des camps de César : l'un sur la colline de la Verrerie, entre Champagney et Ronchamp, ce serait le grand camp des *Commentaires*, et l'autre, sur l'emplacement actuel de la chapelle de Ronchamp, ce serait alors le petit camp où César établit deux légions.

<table>
<tr>
<td>

Arnesse a Jules-César en chevauchant,
Po l'Essarullots (1) *a les Cruses* (2) *a*
　　　　　　　　　　　　　　[montant,
Tchu les Tchamps-Belin (3) *a se rencon-*
　　　　　　　　　　　　　　[trant.
. . . . (4)

</td>
<td>

Ernest et Jules-César en chevauchant,
Par l'Essarullots et les Creuses ils
　　　　　　　　　　　　　　[montent,
Sur les Champs-Belin ils se rencon-
　　　　　　　　　　　　　　[trent.
. . . .

</td>
</tr>
</table>

(1) *Essarullots, Césarullot* (*César via*), au moyen âge le chemin de César, est encore le nom d'un canton de Frahier qui touche au finage de Champagney. C'est un vallon entre deux bois, les Barres et le Grattery ; il a dû présenter en tout temps une voie commode pour le passage des troupes. Il touche à l'étang de la Brèche, dont nous parlerons plus loin.

(2) Les *Cruses*, les *Creuses*. Il existe à Frahier tout une voie de chemins creux, de vieux chemins gaulois. Cette voie est de 2 à 3 mètres au-dessous du sol voisin actuel ; il est déprimé par suite du long passage des voitures. Une section de la commune de Frahier, bâtie le long de ce chemin, en porte le nom.

A l'une de ces dépressions, que l'on nomme la Creuse-Dépoire, correspond une voie ferrée au lieu dit les Ouches-la-Rue, qui semble être une ancienne voie romaine. On retrouve encore le pavé enfoncé de 30 à 35 centimètres sous la surface actuelle du sol.

(3) La légende désigne, comme lieu de l'entrevue entre César et Arioviste, la hauteur (438ᵐ) qui domine le village actuel de Frahier, et qui est décrite assez longuement dans les *Commentaires*. Il ne nous appartient pas de nous prononcer dans cette grave question d'une manière absolue à cet égard ; mais nous croyons ce lieu parfaitement choisi pour une conférence dans les conditions racontées par César. Le texte de la narration s'y applique exactement, même le *planilies erat magna*, et l'on conçoit facilement, par la vue de la conformation du terrain, la rixe entre les fantassins-cavaliers de César et les troupes d'Arioviste, qui aurait amené la fin de l'entrevue. Cette colline se trouve à peu près à égale distance entre les deux camps, mais un peu plus rapprochée de celui d'Arioviste, *sub monte*, c'est-à-dire au pied du Salbert, à Evette, que de celui de la Verrerie, situé sur la hauteur (448ᵐ) occupée par les Romains, où il existe encore des traces bien visibles de castramétation antique, avec tous les caractères des camps romains.

Pendant la guerre de 1870-71, les Prussiens avaient établi sur la hauteur susdite un poste d'observation, d'où ils surveillaient toute la contrée environnante.

Les *Champs-Belin* (*Campi Bellii*), les champs de la guerre, nous paraissent encore une réminiscence de cette époque ; c'est le nom d'un lieudit à l'est du village actuel de Frahier. Ce canton touche, d'une part, à la Goutte-Rémois, et de l'autre aux Feussies.

(4) On a déjà dû remarquer qu'il manque souvent un vers, parfois

Mais il paraît qu'au lieu de s'entendre, ils se sont battus, car la complainte dit :

. . . .
Ma Arnesse, qu'éta fó et so,
A César a le fótu in tróso,
A bouines tchambes y he sava le có.

. . . .
Mais Ernest, qui était fort et sec,
A César a donné un soufflet,
Et bonnes jambes lui ont sauvé le corps

Depuis le jour de leur rendez-vous, les soldats de César et d'Ernest se battaient presque tous les jours par-devers Champagney et Ronchamp, et le roi, qui avait beaucoup de cavalerie, était presque toujours le plus fort.

De sorte que Jules-César n'en menait pas bien large ; mais il ne se battait que pour *la frime,* car du côté de Montbéliard, il lui arrivait en renfort toute une armée de secours, composée de nos ancêtres, car on dit :

Po ló Doubs a vignant,
Tót l'Ar a remontant,
A fesans in grand détoué,
Pó les penre a l'arneboué (1).

Par le Doubs ils viennent,
Tout l'Ar ils remontent,
Ils font un grand détour,
Pour les prendre à rebours.

deux, et que la mesure n'existe presque pas. C'est parce que je n'ai rien voulu changer dans ce naïf récit. Il est probable que j'ai dû accoler entre eux des vers qui étaient d'abord divisés, c'est alors parce que j'ai cru voir quelque concordance entre eux.

(1) Nous abordons ici un épisode étranger dont on ne trouve aucune trace dans les *Commentaires* ; toutefois le fait paraît sinon vrai, du moins vraisemblable. Comment César, qui est un des plus grands capitaines de l'antiquité, aurait-il fait pour ne pas utiliser toutes les forces vives dont il pouvait disposer contre Arioviste, les Eduens, les Lingons, les Rèmes, les Lenques, dont il est question incidemment à propos des vivres, et surtout les Séquanais, si belliqueux, et ayant eu tant à souffrir de la tyrannie d'Arioviste ; comment, je ne dis pas les contraindre, mais comment les empêcher de venir en foule attaquer Arioviste et ses soldats ? Cela me paraît à peu près impossible.

En définitive, César paraît n'avoir eu, dans cette campagne, que six légions romaines formant au maximum 24,000 hommes de pied et 6,000 chevaux, et encore il faut déduire les pertes subies dans la

C'était toute une armée de nos ancêtres qui, venant du côté de Besançon, arrivait par derrière surprendre les Wormuns, qui bataillaient avec César par-devers Ronchamp.

Ernest se trouvant pris entre deux feux (*sic*) fut forcé de reculer et de battre en retraite sur Frahier (1), où l'attendaient nos ancêtres pour lui barrer le passage (2), car on dit :

guerre contre les Helvètes. De plus, ces cavaliers sont des Gaulois, puisqu'il est obligé, pour aller à la conférence avec Arioviste, de démonter les cavaliers auxiliaires pour faire monter à cheval sa 10e légion. Il est difficile d'admettre que César avec 30,000 hommes va, de cœur joie, en affronter 120,000, dont la plus grande partie de la cavalerie, et se battre dans la proportion de un contre quatre, alors qu'il n'a qu'à vouloir ou plutôt à laisser faire pour avoir dans son camp une armée gauloise supérieure à celle de son adversaire. Or cette armée n'était pas à dédaigner, puisque César dit à ses soldats qu'Arioviste n'a pu la battre que lorsque, fatiguée d'un long siége, où elle avait forcé Arioviste à se retirer dans une place forte entourée de marais, elle se retirait chez elle en désordre.

Remarquons encore que les auteurs anciens, en parlant de ces événements, ont mis en doute l'absence des Gaulois à cette bataille. Citons entre autres Gollut, qui dit : « Et là Cæsar, accompagné, « comme il est vray semblable, de bon nombre de soldatz Séqua- « nois et autres, Gaulois, combien que à la romaine il n'en faict « aucun estat, donnat la bataille à l'ennemy, etc. » (page 34, édition de 1846).

(1) Frahier, village de 1,400 habitants, situé à peu près à égale distance entre Ronchamp et Belfort, a pour dénomination patoise ordinaire encore actuellement *Fraï*. Ce nom paraît venir de l'allemand *Frei*, qui veut dire libre (*ei*, dans cette langue, se prononce *aï*). Ce nom, qui aurait encore sa signification, est relativement moderne, puisqu'on ne le trouve pour la première fois que dans une bulle de 1178, où il est écrit *Frais* ou *Fraïs*. Nous verrons plus loin le nom antique que la légende lui attribue.

(2) Les bonnes positions stratégiques sont de tous les temps : nous avons vu, dans la dernière guerre, l'usage que les Allemands ont sû faire de celle de la Luzienne. Une armée remontant le cours de cette rivière, et s'emparant des hauteurs de Frahier, acquiert par là même une force bien supérieure à une armée ennemie qui a à traverser cette même rivière et à gravir des pentes assez raides. Si les Gaulois avaient pris position à Frahier, ils avaient fait preuve d'un grand génie militaire.

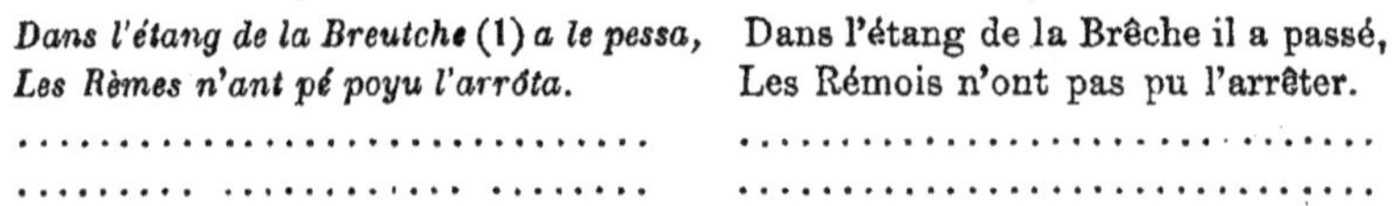

<table>
<tr><td>Dans l'étang de la Breutche (1) a le pessa,</td><td>Dans l'étang de la Brêche il a passé,</td></tr>
<tr><td>Les Rèmes n'ant pé poyu l'arróta.</td><td>Les Rémois n'ont pas pu l'arrêter.</td></tr>
<tr><td>. . . . .</td><td>. . . . .</td></tr>
<tr><td>. . . . .</td><td>. . . . .</td></tr>
</table>

Les Wormuns se battaient comme des enragés pour s'ouvrir un passage, mais arrêtés en tête par nos ancêtres, ils étaient serrés de près par César, qui en faisait un grand carnage, car il est dit :

<table>
<tr><td>A se tuant, a se saignant.</td><td>Ils se tuent, ils se saignent.</td></tr>
<tr><td>. . . . .</td><td>. . . . .</td></tr>
<tr><td>Ouille ! qu'a y he avu de dgens saingnies</td><td>Oh! qu'il y a eu de gens saignés</td></tr>
<tr><td>Dans les tchamps des Rouges-Vies ! (2)</td><td>Dans les champs des Rouges-Vies!</td></tr>
</table>

Tous nos ancêtres étaient là : aux Rouges-Vies, dans la Goutte-Rémois (3) et aux Champs-Belin, c'est là que fut le fort de la mêlée.

Ernest était là au milieu des siens, combattant comme un soldat, faisant un grand carnage de nos ancêtres ; trois fois il fut renversé de cheval, et trois fois il fut sauvé par ses soldats. Il s'agissait pour lui de s'ouvrir un passage ou de périr avec tous les siens ; aussi ce fut une véritable boucherie, car on dit :

(1) Cet étang, actuellement desséché, était autrefois considérable. Il était traversé par la Luzienne, et pouvait présenter un obstacle sérieux à l'ennemi, surtout pour ses *impedimenta*. Il borne, d'une part, le lieu dit l'Essarullots, et de l'autre les Rouges-Vies.

(2) Les *Rouges-Vies* (les voies ou les chemins rouges), section de Frahier, entre l'étang de la Brêche et la Goutte-Rémois. Vers le sud-est, ce lieudit confine les Champs-Belin. On appelle *goutte* en patois un léger vallon.

(3) La *Goutte-Rémois*, dont le nom semble venir des *Rèmes* (habitants de Reims), est le nom d'un canton de Frahier qui forme une pente assez raide, dont le bas est les Rouges-Vies et le sommet les Champs-Belin. De là, on atteint le point culminant de 438 mètres dont nous avons déjà parlé.

Arnesse ho au bé moitan,
Al ho tôt en sang, tôt en sang.
.... A de tcheveaux (1)
A l'en usa jusqu'a tro.

Ernest est au beau milieu,
Il est tout en sang, tout en sang.
.... Et de chevaux
Il en a usé jusqu'à trois.

Mais bien que la mêlée eût été terrible, et bien que la Luzienne eût coulé du sang aur lieu d'eau, car on dit :

....
....
A de sang les tcheveaux
A l'en hant jusqu'au poitrau.

....
....
Et de sang les chevaux
En ont jusqu'au poitrail.

Nos ancêtres, malgré tous leurs efforts, n'ont pas pu l'arrêter. Il écrasa tout le corps d'armée des Rémois qui lui fermait la retraite ; il atteignit les Champs-Belin et le haut des Creuses. Redescendant alors sur les Feussies (2), la Tomont (3), les Morts-Chars (4), l'Assaut-Mage (5), il perça toute la ligne de bataille jusqu'aux Rouges-Goulottes (6), d'où il gagna Belfort.

De là, poursuivi par les nôtres jusqu'au Rhin, où il arriva

(1) Je n'ai rien entendu raconter qui puisse faire la première partie de ce vers, c'est pourquoi je l'ai laissé tel quel.

(2) Les *Feussies*, les Fosses, et non les Fossés qui se diraient *Fossa* (on dit une fosse, *feusse* en patois), indiquent le lieu où il y a en beaucoup de fosses faites d'une seule fois. C'est le lieudit d'une section de Frahier située entre la Goutte-Rémois, les Champs-Belin et la Tomont.

(3) La *Tomont*, ou plutôt l'Alto Mont (*Altus Mons*), le mont élevé. Ce lieudit touche d'un côté aux Feussies, comme nous venons de le dire, de l'autre aux Morts-Chars.

(4) Les *Morts-Chars*, ou en français les Morts-Chers. D'après une tradition, on aurait enterré là les corps des Gaulois tués dans la bataille ; de là sa dénomination.

(5) L'*Assaut-Mage*, ou le Grand-Assaut, est le nom d'un canton de Frahier qui touche aux Morts-Chars d'un côté, et de l'autre au lieu dit les Ullots-Moraine (les deux *l* de *Ullots* sont mouillés).

(6) Les *Rouges-Goulottes* forment la fin du finage de Frahier, vers Evette et Châlonvillars. C'est une pente très-raide et la dernière en se dirigeant sur Belfort.

avec quelques cavaliers seulement ; ils s'y noyèrent presque tous.

On avait tué tant de monde à Frahier que, pour éviter la contagion, il fallut en brûler une partie aux Breuleux et enterrer l'autre aux Feussies (1), car on dit :

La Gotte-Remois les he tua,	La Goutte-Rémois les a tués,
Les Breuleux (2) les hant breula,	Les Breuleux les ont brûlés,
Les Feussies les hant antarra.	Les Feussies les ont enterrés.
. . . .	. . . .

On raconte que notre rivière coulait alors du sang et que les corps morts barraient le passage à l'eau. Dans la Luzienne, dans l'étang de la Brèche, tous les poissons y ont péri, car on dit :

La r'vire ho empogena,	La rivière est empoisonnée,
Tôt les pochons en hant creva,	Tous les poissons en ont crevé,
Les poules et les poulots	Les poules et les coqs
En hant fa de bons fricots.	En ont fait de bons fricots.

On parle aussi d'un grand nombre de chefs et de généraux d'Arioviste tués ou pris, car on dit :

Vocina, Velléda a Odina (3)	Vocina, Velléda et Odina
Sont tôtes tro avu tua,	Ont toutes trois été tuées,
Ma Morina ho avu capta (4).	Mais Morina a été prise.
. . . .	. . . .

(1) *Feussies, fossum, fossa,* fossés.

(2) Les *Breuleux,* canton de Frahier, assez rapprochés du Haut-des-Creuses. C'est la pente Est du monticule dont les Champs-Belin sont la pente Sud, et tout près du sommet où, d'après la tradition, aurait eu lieu l'entrevue d'Arioviste et de César.

(3) Ces noms me paraissent plutôt appartenir à des femmes qu'à des chefs. Du reste, le premier nom a une grande ressemblance avec le nom de Vocionis, roi de la Norique, dont une sœur aurait épousé Arioviste. Dans ce cas, peut-être faudrait-il écrire Vociona.

(4) *Morina.* Il existe, à mi-chemin à peu près entre l'Assaut-Mage et les Rouges-Goulottes, sur le territoire de Frahier, un lieu dit l'Etang-des-Ullots-Moraine.

Notre pauvre localité a été bien maltraitée ; c'était pire que du temps des Suédois, où il n'était resté que sept maisons (1). Dans la Grande Guerre (2), le feu avait pris aux blés qui étaient mûrs, et tout le village, sans en excepter une seule maison, avait été brûlé, car on trouve :

<table>
<tr><td>

A peu toi, mon peure Fraï,
Te todje avu ben selegie (3).
Ma toi et peu la Tiuvotte
Te n'éteu encouère qu'Alouvotte (4).

</td><td>

Et puis toi, mon pauvre Frahier,
Tu as toujours été bien serancé.
Mais toi et puis la Cuvotte
Tu n'étais encore qu'Alouette.

</td></tr>
</table>

(1) Dans mon jeune âge, on m'a montré bien des fois les sept maisons susdites qui avaient échappé à l'incendie du village par les Suédois en 1636.

(2) La *Grande Guerre*. C'est ainsi que j'ai toujours entendu désigner les luttes de Jules-César contre Arioviste dans les souvenirs populaires. Lorsqu'on dit : « C'est aussi vieux que la Grande Guerre, » on désigne le *nec plus ultra* de l'antiquité. On appelle guerre des Suisses le siége d'Héricourt en 1474, guerre des Suédois celle de 1636, et guerre des Alliés l'invasion de 1814-1815.

(3) *Selégie* exprime, en patois, l'action de peigner le chanvre avec le séran, et par suite destruction complète et division des débris.

(4) *Alouvotte* (*Alouette* ou *Alauda*), nom primitif, paraît-il, de Frahier, ou plutôt d'une localité bien plus ancienne se trouvant sur le versant nord-est de la colline qui domine le village actuel, et qui semble s'être perpétué dans le nom légèrement déformé de la Cuvotte, par la faute, sans nul doute, d'un scribe quelconque du moyen âge qui aura pris l'*l* pour un grand *C*, et d'*Alouvotte*, peut-être *Aluvotte*, aura fait *la Cuvotte*. Du reste, ce village primitif, s'il n'était pas la Cuvotte même, devait y toucher.

La grande bataille entre Arioviste et César, commencée à Ronchamp, serait venue se dénouer à Frahier ou Alouvotte (*Alouette* ou *Alauda*), et en aurait pris le nom. Ce serait donc là qu'aurait eu lieu la défaite d'Arioviste, qui délivra la Gaule pour cinq cents ans du joug des Germains.

Ne serait-ce pas en souvenir de cette victoire que César, aussi profond politique que grand guerrier, pour s'attacher les Gaulois nos aïeux, aurait donné le nom de Légion de l'Alouette (*Alauda*) au corps des vétérans gaulois qui lui furent d'un si grand secours dans la guerre civile, et qui, à Pharsale, frappèrent Rome et les Romains à la figure et donnèrent à César l'empire du monde ?

Ne serait-ce pas pour le même motif que le village actuel aurait,

Si bien que nos pauvres ancêtres ne pouvant plus vivre ici, — car il y avait eu tant de sang versé et tant d'hommes tués que la terre n'était plus habitable, — ils sont allés demeurer à Errevet, qui, placé sur la hauteur, n'avait pas été dévasté, car on dit :

Errevat (1)........	Errevet.............
Te encouère son nom.	Tu as encore son nom.
Ma, a cause de ta hautou,	Mais, à cause de ta hauteur,
T'en he avu quitte pô la pôvou.	Tu en as été quitte pour la peur.

Depuis, notre village est resté plus de mille ans sans habitants, et encore, lorsqu'on l'a reconstruit, on l'a descendu dans la vallée, où il est encore actuellement.

C'est une terrible chose que la guerre : je l'ai vue et je sais ce qu'il en est ; mais du temps de la Grande Guerre, c'était encore bien pire que maintenant : on tuait tout. Que Dieu, mes enfants, vous garde de la voir un jour, et surtout vous préserve des hommes de l'autre côté du Rhin !

à douze cents ans de date, repris le nom de *Freï*, ou même plus tard de *Freïheit* (libre ou liberté), parce que c'est là que l'on aurait libéré la Séquanie, et par suite la Gaule, du joug d'Arioviste et de ses soldats ? C'est ce qu'il ne m'appartient pas de décider.

(1) Errevet, village rapproché de Frahier, et dont Evette n'est qu'un diminutif, semble avoir gardé le nom du roi des Suèves. Errevet, au moyen âge *Ehren fest*, puis *Ehre vest*, et *Errevest*, de l'allemand *Ehren*, honneur, et *vest*, fort (fort ou qui a beaucoup d'honneur). Remarquons d'abord que la lettre allemande *v* (*faou*) n'a pas de corrélatif en français ; on la remplace habituellement par *v*, bien que le son soit celui de l'*f* français. C'est alors exactement le nom de l'adversaire de Jules-César.

FIN